福岡女学院大学・福岡女学院短期大学部学長
伊藤 文一

学長随想50話

2
九州ブックレット
櫂歌書房《とうかしょぼう》

心が動くとき
人生はどこからでもやり直せる

すべては感謝から始まり、感謝で終わります

まず、笑ってください。そして、陽気に振る舞うことです。そうするうちに、それが本当になってきます。

次に、いつもポジティブであってください。そして、物事を積極的に考えることです。

更に、心身ともに、健康を心がけてください。健康は宝です。

最後に、いくつになっても、勤勉であってください。常に努力精進への道を歩もうとすることです。

すべてのヒト、モノ、コト、トキに「感謝する心」を持ち、毎日毎日、最高の自分を発揮しようとすることです。その中に、成功への道の鍵はすべて秘められています。

このコラム集は、これまでに書き留めてきたものをまとめたものです。この中で、私の考え、私の思いや生き方、大切にしていることなど、いろいろな場面で書いています。でも、その根底に流れているのは、「感謝の気持ち」だと思っています。

人生には、大きな分岐点もあれば小さな分岐点もあります。この「コラム」がその分岐点のどこかで役に立つことがあれば幸いです。

この「コラム集」に関わり、制作にご尽力いただきました皆様、
本当にありがとうございました。心より感謝申しあげます。

福岡女学院大学学長室にて　伊藤　文一

心が動くとき　人生はどこからでもやり直せる

目次

（一）懐かしい思い出

砂時計

小学生の頃、
何枚かチケットを集めて、ある会社に送りましたら、
砂時計付きのシャープペンシルが届きました。

私はとってもうれしくて、何度も何度も砂時計の砂がさらさらと、
落ちるのを見ていました。

そして、
「どうして六十分は一時間なのだろうか」
「一日はなぜ二十四時間なのだろうか」
などと考えたことがありました。

確かに「二十四時間」は、誰にも平等に与えられているものです。
ただ、この「二十四時間の使い方」が問題なんだと気付きました。
そのことから、時間の有意義な過ごし方をマスターすることが、
大切だと思うようになりました。

今では「不要なもの」を片付けて、「目標や計画」を立てて、
「やるべきこと」を絞り込むことがとても重要だと思っています。

Impressions

Please write freely

おみくじ

「古きこだわり、いつかは溶ける」

　これは私が、二十代の頃、太宰府天満宮で引いたおみくじの中の言葉です。

　当時の私は悩みの中にいました。

　そんなとき、思わず引いたおみくじの中に、この一語がありました。

　私はこの一つの言葉に救われました。

おみくじを開いた瞬間に、人生がぱっと開けたような気がしました。

　これはもう四十年以上前の出来事なのですが、今も心の中に残っています。

　一つの言葉で人生が変わることってあるのだなと感じます。

　一つの言葉に勇気と希望と夢をもらったのです。

　これからは、私の言葉で元気になる人が、できたらいいなと思います。

Impressions

Please write freely

自転車

私は、自転車が好きです。

中学校二年生の頃、母が自転車を買ってくれました。

とっても嬉しくて、いつも磨いたり、油をさしたりして、とにかく可愛がりました。

不思議なことに可愛がると懐くようです。

時々パンクはしましたが、

大事な時には、パンクはしませんでした。

自転車も人の心がわかるようだと感じました。

今でも通勤で、毎日自転車に乗っていますが、

風を切って走る気分は爽快です。

また、電化製品の調子が少し悪くなってきたので、

新しく買い替えようと思ったとたん、

今まで調子が悪かった電化製品が「捨てないで！」

とばかりに調子よく動くようになることがあります。

「物」は、最後まで大事に使ってやることが大切だと思います。

Impressions

Please write freely

夏の日の恋

東京で学生だった頃の話です。

夏の暑い日に、初めてのデートをしました。

その場所は、山の中の大きなお寺でした。

額の汗を手の甲でぬぐい、話しながら歩いていると、蝉しぐれが二人の会話の邪魔をしてくるのです。

木陰に入ると、ふ~と涼しい風が吹いてきて、ちょっとだけうれしくなります。

ときどき手が触れあって、少しドキドキしながらの散策は、言うまでもなく「青春」でした。

二人で食べたアイスクリームや入道雲の元気な姿、止まってしまう時間の流れ、突然、遠くから聞こえてくる子どもたちの笑い声で時間が流れ始める。

ずっとずーと遠い、懐かしい思い出です。

(やはり、夏の恋は、実りませんでした。それでいいのです。)

Impressions

Please write freely

（一）学校

誰もいない教室で

戸締りのため、
薄暗くなり始めた学校の廊下を歩いていると、
誰もいないはずの教室から声がするのです。

のぞいてみると、
担任の先生が、入学してくる一人一人の生徒の名前を、
声を出して呼んでいるのです。

間違えないように丁寧に、ふりがなをふって、
何度も何度も練習しています。

心を込めて読んでいます。
私は感動して思わず涙が出ました。

Impressions

Please write freely

よいとこ探し

「長所と交われば悪人なし」ということわざがあります。


世の中で活躍しよう、自分の人生をよりよい方向に導いていこうと考えるならば、

「基本的には、他人の良いところや長所を見つける」

と考えることが大切だと感じます。

小学校や中学校で、

「よいとこ探し」の授業を見たことがあります。


自分の長所を見てくれる人に対しては、たいていの場合、

「いい人だ」「友達だ」と思いますし、

「一緒にいたい」、「付き合いたい」とも思うようです。

このように、人間関係を良好にし、
友達を増やしたいと思うなら、
「なるべく他人の良いところ（長所）を見る努力をする」
ことが大切だと思います。

Impressions

Please write freely

たった一度の褒め言葉

以前耳にした話ですが……島秋人という歌人の話です。

島氏は、少年時代の荒れた生活から非行を重ねたのち、飢えのため農家に押し入って二千円を奪い、強盗殺人罪で処刑されました。

そんな島氏も、小学校の図工の時間に先生から「島君は絵が上手だね」とたった一度だけ褒められたことがあったそうです。

島氏は先生に会いたいと思いましたが、死刑囚のため許されず、文通だけが許可されました。

先生と文通をするなかで、先生から歌を詠むことを勧められます。

そして先生の言葉にやる気を起こし、これまでほとんど勉強をしてこなかった島氏が、歌詠みの勉強に没頭して、号「秋人」を名乗るまでの歌人になったそうです。

教育において「ほめる」ことの大切さを実感させる話だと思います。

教師として、このことを肝に銘じておく必要があると思います。

「やさしき旧師の妻の便り得て　看守に向くる顔の笑みたり」

（獄中で詠まれた島氏の歌です。）

Impressions

Please write freely

不合格

Bさんは、とても強く「S」高校に行くことを希望していました。

その高校は、Bさんにとっては、あこがれの高校でした。

合格目指していつも夜遅くまで勉強していました。

生活面での違反もなく、とてもまじめで、礼儀正しくいつもさわやかな感じの生徒でしたので、私立高校は見事に合格しました。

公立高校の試験が終わったその夜、私の家に電話をかけてきました。

「先生、出来ました。合格だと思います」その時、思わず、「そうか、よかったね。頑張ったかいがあったね」と私は言ってしまいました。

しかし、結果は不合格でした。私はことばを失いました。

それから三年後、Bさんから私の家に電話がありました。

「先生、K大学の歯学部に合格しました」

「そうかぁ……、よかったね。本当におめでとう。でも高校の時は合格させること　ができなくてごめんね」と言いました。すると彼女がこう言いました。「いいえ、先生。あの時、「S」高校に落ちたから、K大学に行けたんです」

この生徒のことばを聞いたとき、とても嬉しく思い、胸のつかえがおりました。

私は、失敗をバネにして成長することがあることを知りました。

ですから「**人生に無駄なものは何もない**」という考えは、真理だと思っています。

Impressions

Please write freely

新しい教科書

Ｓ校長先生との出会いは私にとって、衝撃的でした。先生は、「準備することの大切さ」を私に教えてくださいました。

新入生は期待と不安の中で入学してきます。

特に、

「新入生への配慮は、何回行っても、やりすぎることはない」と話されていました。

もし教科書に落丁、乱丁があると、子どもはとてもショックを受けるからと、何人もの目でしっかり見るようにと指導されました。

子どもの気持ちに寄り添うとは、こういうことだろうと思ったものでした。

Impressions

Please write freely

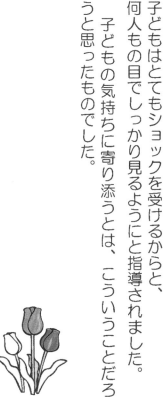

あんな先生・こんな先生

○朝早く学校に来て、一番に窓を開ける先生
○いつもストーブに入れる灯油を運んでくる先生
○朝練で、生徒の走る姿を見守る先生
○学習室でいつも生徒を待っている先生
○どの生徒よりも早く教室にいる先生
○寒い体育館・武道場、そして運動場でじっと部活動の指導をしている先生
○昼休みに生徒と一緒に教室にいる先生
○「ギャグ」を言う先生（うけてもうけなくてもいいんですよ）
○あいさつ運動で、いつも生徒に「おはよう」と自分からあいさつする先生
○机の上をきれいにしようとするが、忙しくてなかなかできないでいる先生
○運動場のゴミを毎日毎日拾って歩いて、修行をしている先生
○徹夜で「時間割」を何回も作り直し、翌日眠たいのを我慢して、いつも通り、文句も言わずに授業を行っている先生
○給食を楽しそうに食べ、いつも笑っている先生
○側溝をきれいになるまで掃除する先生

いろんな先生がいて、いろんな児童・生徒・学生がいて、いろんな出会いがあって「学校って楽しいなぁ」といえる場所が学校でなければいけません。

Impressions

Please write freely

（三）忘れてはいけないこと

三つの赤い橋

太宰府天満宮の橋は、心字池にかかっています。

太鼓橋・平橋・太鼓橋の三つの橋です。

一つ目の橋は「過去」

二つ目の橋は「現在」

三つ目の橋は「未来」だそうです。

これは、三世一念という仏教思想から来ているということです。

心字池を端から端まで渡ることで参拝者の身が清められ、本殿へ向かうようになっていますとホームページに書かれていました。（※）

いつも思うのは、過去があり、現在があり、
そして未来があるということです。

このことは意外と忘れているように思います。

※三つの橋を渡るときの注意点！

「過去」の橋を渡る時は、後ろを振り返らない。

「現在」の橋を渡る時は、立ち止まらない。

「未来」の橋を渡る時は、つまずかない。


帰りは「過去に遡る」ということになるので、橋を渡らず脇道から帰るのが良いと言われています。

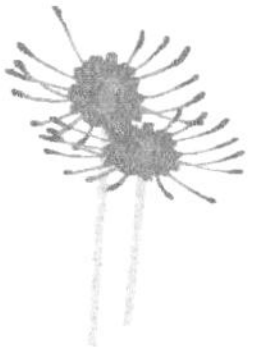

Impressions ....

....

....

.... **Please write freely**

神様・仏様

人生はうまくいく事の方が少ないようです。

しかし、いつもいつもうまくいかないかというと、そうではありません。

いつの間にか、うまくいきだすことがあります。

私はいつも思うのですが、そのためには、神様・仏様が微笑まれるような生き方、例えば「嘘をつかない」「誠実に生きる」「まじめに仕事をする」とか……そういうことではないかと思います。

この人は、これだけ努力に努力を重ねているのだから、神様・仏様（※）から「少しは運命を好転させてやろうか」などと思われるような生き方をすることではないでしょうか。

私はそう思います。

ただ、その事を期待してはいけませんね。

※　昔、「神様・仏様・稲尾様」というのがありました。（一九五八年プロ野球）
興味のある方は、調べてみてください。すごい記録が残っています！

Impressions

Please write freely

地動説と天動説

地動説とは「地球が太陽の周りを回っている」という考えであり、

天動説とは「太陽が地球の周りを回っている」という考えです。

私たち地上生活から考えると、天動説の方が正しいように見えますが、

実は、ものすごい速度（秒速30㎞）で地球は太陽の周りを回っているのです。

とかく人は自分中心で物事を考えがちですが、

自分中心ではなく、

相手を中心にして考えることが、

これからはもっと大切になってくるでしょう。

ちなみに、太陽系は、私たちの天の川銀河の中を秒速240㎞で移動しています。また、隣のアンドロメダ銀河（250万光年離れている）と私たちの天の川銀河は、40億年後に衝突合体します。

宇宙の営みは、想像を絶します。

Impressions

Please write freely

天国と地獄

昔のたとえ話に、「あの世の天国と地獄において同じく食事が出され、中華料理の長い取り箸の様なものが与えられたときにどうするか」という話があります。

地獄では、その箸を使って一人で余分に取って食べようとするのですが、どうしても口に入らないため、大騒ぎして争っているというような状況があります。

一方、天国でも、
やはり中華料理の長い取り箸をもらっているという点では同じであるものの、その箸で食べ物をつかんでは他の人とお互いに食べさせ合っているため、スムーズに、自然に食べられるわけです。

そういう天国に対し、長い箸で自分の食べ物を取ろうとしても、いつまでたっても口の中に入らないで、苦しんでいるのが地獄だというようなことが言われますが、
「自分ファースト」でやっているうちに、
だんだん、そこに修羅場が出現してくるのです。

逆に、「人のために」と思ってやっていれば、
そういうことにはならないのではないでしょうか。

Impressions

Please write freely

見えないものを信じる

「本当に大切なものは、目には見えないんだよ」
こんな言葉を聞いたことがあります。
確かにそうかもしれないと思います。
思いやりの心、きれいな心、人や物に感謝する気持ち、これらは目には見えません。
特に私は「感謝する心の力は大きい」と感じることが多くあります。
しかもこれらは、以心伝心で伝わっていくもののようです。
見えないものを信じる人が増えて、
「この世の中がよくなっていくといいな」と思っています。

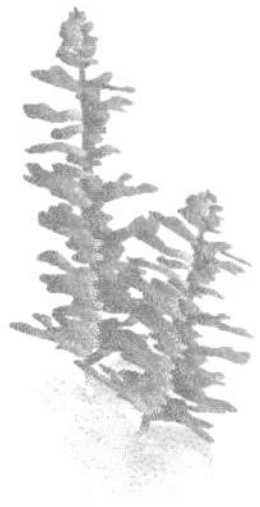

Impressions

Please write freely

奇跡

この世の中は、奇跡で満ち満ちています。
命があること、植物が育つこと、
川があり山があること、
自然が四季を伝えてくれること、
呼吸ができること、
いろいろな人が住んでいること、
……考えてみると、
どれをとってもすべてのことが奇跡だといえます。
　だからこそ、
その中で生かされてる自分としては、
もう感謝しかないのです。
　この環境を大事にして、
世のため、人のために生きたいと思うのです。

Impressions

Please write freely

(四) 人と人とのつながり

批判のなかにあるもの

一つ言えることは、
「他人からの批判は、全部が全部、間違っているわけではない」ということです。

自分に対する批判のなかには、
自分をもっと素晴らしい人物に飛躍させてくれるヒントが潜んでいるように思います。

要は、腹を立てずに、
その批判をうまく汲み取って、
自己改革の方向に目を向けることです。

そんな風に考えると、

その批判が、「自分にとって役に立つ」ことも多々あると思います。

Impressions

Please write freely

人間関係を向上させる視点

第一点目は、

他人の欠点や弱点を中心に見るのではなく、できるだけ、長所や良いところを見るように努力することです。

第二点目は、

「ものの見方・考え方は、人によってそれぞれ違う」ということを知っておくということです。

「自分とは違う考え方をする人がいる」ということが、寛容さや包容力につながっていきます。

第三点目は、

それぞれの独立した個性を認め合い、一定の距離を保ちつつ、人間関係を上手につくっていくことが大事です。

Impressions

Please write freely

人間関係の苦しみ

なぜ、
ある人は好きになり、
別のある人は好きになれないのでしょうか。
憎しみや恨む心は、どこから出てくるのでしょうか。
もつれた糸は、一体どのようにしたら、
解きほぐすことができるのでしょうか。

これらことは、人それぞれの見方・考え方の多様さから出てくるのかもしれませんが、個性の違いが、好き嫌いを生んでいるのではないかと思います。

いろいろな出来事や感情は、川の流れのごとく、すべては過ぎ去っていくものだと考えますと……

人間関係の難しさも小さなことに思えるようになります。

Impressions

Please write freely

わがままを聞いてくれる友達

たとえ肉親であっても、時には、意見を戦わせ、
自分の意見をしっかり言うことが大切です。

きっと友達との関係も似たようなものだと思います。

少し痛い思いをしても、付き合うことをやめなければ、

「友情」という宝物を手に入れることができます。

傷つきながらでも友情を深めていくと、けっこういいものになってきます。

何事もなくただ仲がいいよりも、いろいろなことがある方が友情が深まり、友人関係は長く続いていきます。

ですから、自分の言いたいことが言え、それを聞いてくれる友達がいることが一番大切だと思います。

それが、親友と呼ばれる存在だと思います。

知人が若いころ父親に「お父さんの親友って誰?」と聞いたそうです。

「親友は簡単にできるものではない、一生のうち親友が一人でもできれば幸せなことだ。私にも一人いるけど………

(ちょっと考えて)……一番の親友は……お母さんかな」

知人のお父さんの言葉が胸に残っています。

Impressions

Please write freely

（五）生き方・考え方

スランプ克服の方法

スランプ克服の一番の方法は、他の人を喜ばせることだと聞きました。自分のことだけを考えていると、どうしても自己中心的で、「うつ」のような状態になってしまいます。

そんなとき「人のためになることをする」と道が拓けてくるというのです。

まず「人の世話」をするためには、その人のことを考えることから始めなければなりません。

このとき、すでに「自分のこと」は二の次になっています。

さらに、その人を「喜ばせる」には、創意や工夫が必要になり、その人のことをしっかり考えなければなりません。

この時点で、おそらくスランプの出口に近づいていると思います。

そして、その人が喜んでいる様子を感じたとき、そこに損得ではない満足感が生まれてきます。

そのことをきっかけにして、今までとは違う「新しい自分」が生まれるのではないかと思います。

Impressions ……………………………………

……………………………………

……………………………………

…………………… **Please write freely**

悩みに「見切り」をつける

悩んだり、
愚痴を言ったり、
迷ったりする要素は、いくらでもありますが、
そのようなことをしても、仕方がありません。

また、そんな風にくよくよしている人は、
あまり魅力が感じられませんので、
残念ながら他人もついてきてはくれません。

適当なところで、
自分の悩みに「見切り」をつけなければ、
前には進めないのではないかと思うのです。

Impressions

Please write freely

「カ、キ、ク、ケ、コ」

ある大学の医学部の先生が、
「大学の時にどのような生き方をした学生が
『よい医者』になっているか」を調査したそうです。
すると、

次の5つの事柄が関係していたそうです。
カ（小さなことにも**感謝**できる）
キ（他人への**気配り**ができる）
ク（自分なりに**くつろぎの心**を持っている）
ケ（常に**健康**に気を付けている）
コ（**好奇心**が強い）

人生を生きる上で
「カ、キ、ク、ケ、コ」は、とても大切ですね。

Impressions

Please write freely

困難な問題は細分化すること

よく「山より大きなイノシシは出ない」と言われます。

生きていると、様々な出来事に出合います。

勉強、進路、恋愛、仕事、子育て、金銭、人間関係などなど、どれもが悩ましく大きな問題（出来事）です。

時には死にたくなることだってあるでしょう。

このような問題をできるだけ速やかに処理するためには……

これら人生の諸問題を、全部、一気に片付けようとしないことです。

困難な問題は、細分化してそれぞれに対処していくのです。

問題を小さく分けていけば、どんな問題でも乗り越えることができ、それが問題の解決につながるということです。

ただ、人生のおおかたの問題は、時間が解決してくれるのも事実です。

最悪、時間さえかければ、ほとんどの問題は何とかなるものです。

Impressions

Please write freely

自分をより良い方向に導いてくれる考え方

他人の良いところを心から褒める、下心なく褒める、
そしてその人の良いところを見習おうとする、

この考え方がきっと大切ですし、
自分をより良い方向に導いてくれると思います。

残念ながら、
人は他人をけなしたり、悪口を言うことが多々あります。
「嫌い」だと口に出すと、口に出した瞬間、それが事実となり、
本当にその人のことが「嫌い」になってしまいます。

また、人には、言ってはならない言葉があります。
それを言うとすべてが終わってしまうような一言があります。
だから、人はそれを決して言ってはいけません。
(たった一言で取り返しのつかない状況になることの何と多いことか！
肝に銘じたいと思います。)

「それを言っちゃあ、おしめぇよ」……
ふと、フーテンの寅さんの決め台詞が聞こえてきました。

Impressions ……………………………………

……………………………………

……………………………………

…………………………………… **Please write freely**

目標設定

「自分の夢に向かって汗を流す」ことはとても大切です。

特に、目標を持つことがすべての成功につながるように思います。

だから「目標を立てない」というのは、行き当たりばったりで、「成り行きの人生」になり、逃げにつながります。

ピーター・ドラッカーは、

「未来は予測できないが、未来を切り開くことはできる」

と言っています。

強い意志を持って、目標を設定し、その目標に向けて地道に努力し続けることです。

そうすれば、道は必ず開けていくはずです。

Impressions

Please write freely

捨てる

「人生には決断が必要だ」とよく言われます。
　生きていると、何かを捨てなければ前に進めないとい
うことがたくさんあります。
　その時には、考えに考え抜いて、
痛みは伴うけれども、捨てるべきものは捨て、
選ぶべきものは選ぶことが大事だと思います。
　捨てるときの痛みは、
「これからの新しい時代を拓《ひら》くために必要なもの」だと
思います。
　きっと、新しい自分が見つかると思います。

Impressions

Please write freely

言い訳

「自分がこのような状態になったのは、○○という正当な理由によるものなのです！」
……これが言い訳です。

多くの場合、人は「今の状態が悪いのは、他人の言葉や行為、事件、世相、会社の状況、親や子どもなど家族の問題等、いろいろな環境要因や時代的要因、世間の要因などによって、今、自分はこんなに傷つき、苦しんでいるのだ」と、自分を正当化する理由を外に求めることが多いようです。

この場合、必ず何らかの理由（言い訳）が見つかります。

しかし、この考え方は一旦は自分を慰めるかもしれませんが、決して自分を幸福にするものではありません。

実は……

その考え方事態が、不幸の原因となっているような気がします。なかなか難しいかもしれませんが、現実から逃げず、言い訳をせずに、問題解決に取り組んだ方が近道の場合も多々あるように思います。

Impressions

Please write freely

消しゴム

「消しゴム」って、便利なものです。
間違って書いてもすぐに消せます。

人生にも「消しゴム」があるといいと思いませんか。

神様にも仏様にも慈悲があります。

間違ったら、「消しゴム」で消して、きれいな心になって
生きていけばいいのではないでしょうか。

間違った言葉を語ったり、間違った行動をしたりして、
悪しき過去を背負ったとしても、
それを消す「消しゴム」がきっとあるはずです。

それが「反省」という作業だと思います。

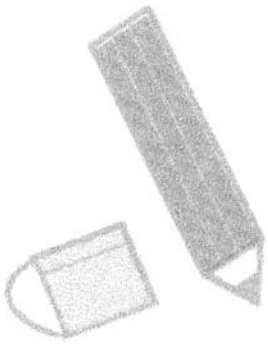

Impressions ………………………………

……………………………………

……………………………………

……………………………………

……………………………… **Please write freely**

未来志向で生きていく

未来を明るいものとして見よう。
未来は明るいと信じよう。
できるだけ物事の良い面を見ていこう。
愚痴は減らそう。

この考え方をもって生きている人を見ると、
不思議なことに、

まず、
人が寄ってきてくれるようになります。
そして、他の人が褒めてくれるようになります。
なかなか簡単ではありませんが、
そういう人の生き方を見習っていきたいと思っています。

Impressions

Please write freely

(六) 毎日の暮らしの中で

整理整頓

私は、基本的には、「一日一生」を心掛けています。
「その日にできる仕事は、その日のうちにする」という
ことを実践しています。

仕事が解決しないときや悩みがたくさんあるときには、
「整理整頓をしたほうがよい」
とよく言われます。
机の上、あるいは書類等を整理していくとよいでしょう。
いつもカバンの中が書類だらけで、
家に持って帰ってまで仕事をしている人は、
よくないことが時々起こりやすいので、
しっかりと整理していくことが大事だと思います。

Impressions

Please write freely

忙しく仕事をする

確かに「休む」ということはストレスを解消する方法の一つだと思います。

しかし、私は
「細かいことで悩まないようにする」ためには
「常に忙しくしておく」
「常にやるべきことがある状態にしておく」
ということもあるのではないかと思っています。

たとえば「明日は、あれをしなければならないから、今からその準備をしておこう」と考えて、忙しくしていると、余計なことで悩んでいる暇がないわけです。

ですから、常に忙しくしておくことが自分にとってはいいのです。

暇だとあれこれと考え、思い出して、悩みが大きくなることがあります。

ただ、身体の休息のための「休み」が大切なことは言うまでもありません。

Impressions ....

....

....

....

....

.... **Please write freely**

小さな成功の積み重ね

小さなことでも、
うまくいったことを記録していくうちに、
少しずつ少しずつ、自信がついてきます。

記録に残すことによって、
大きな力になっていくような気がしています。

つまり、

小さな自信がいっぱい積み重なっていくことによって、
本当の自信がつき、それが劣等感を薄めてくれるのだと
思います。

「書くことは考えることでもあり、悩みを解決するもの
でもある」
とある人は、言ってます。

Impressions

Please write freely

日曜日の朝の福岡天神

新型コロナウイルスが流行する以前の話です。

ある日曜の朝六時半、
所用で、私は天神地下街にいました。

地下街を歩いていて、びっくりしたのは、
思ったよりも人が多いことでした。

そして、日曜日だというのに行き交う人々は、
みなさん足早でした。

自分にとって、日曜日は休日だけど、
人によっては「日曜が休みだとは限らないんだなあ」と
改めて感じました。

この気付きから
「自分中心に物事を考えること自体に、無理がある」と
つくづく思い知らされました。

そして、日曜日にもかかわらず
仕事をされている多くの方々に、
感謝しなければならないなあと思いました。

Impressions

Please write freely

就寝前

「今日も元気だった、大過なく過ごすことができた」
これを寝る前に感謝の気持ちを込めて、
心の中でつぶやくようにしました。
そうすると、
毎日の生活が改善され、
豊かな気持ちが持てたように感じます。

Impressions

Please write freely

記録

小さなことでも、
うまくいったことを記録していくうちに、
少しずつ少しずつ、自信がついてきます。

記録に残すことによって、
大きな力になっていくような気がしています。

つまり、小さな自信が
いっぱい積み重なっていくことによって、
本当の自信がつき、
それが劣等感を薄めてくれるのだと思います。

ある人は、言っています。

「書くことは考えることでもあり、
悩みを解決するものでもある」

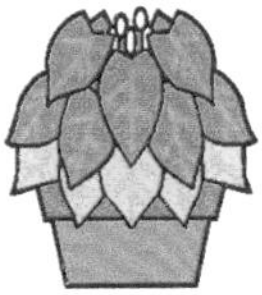

Impressions ……………………………………

……………………………………

……………………………………

……………………………………

……………………………………

……………………………………

…………………………………… **Please write freely**

（七）あなたの心・わたしの心

素直な心

年が明けると、神社やお寺に行く人が増えます。
神社やお寺で手を合わせていると、素直な気持ちになっている自分に出会えます。

これがきっと本当の自分の姿だろうと思います。

しかし、なかなかこの状態を維持していくのは難しいようで、けっこうわがままになったり、何かに執着したりします。

このわがままとか執着する気持ちを、かなぐり捨てて、「素直な心」で接すると、けっこう、うまくいくことが多いような気がします。

ただ「素直な心」の継続は、むずかしいのかもしれませんが。

Impressions

Please write freely

感謝する心

（すべては感謝から始まり、感謝で終わることを腑に落としていますか）

私は、この頃、食べ物をよく噛んで食べるようになりました。

何回か噛んでいると、その食べ物とか、その食べ物を作った人の気持ちとか、思いとかにまで、考えが及ぶようになりました。

そして、それらの人たちに対する感謝の気持ちが湧いてくるようになりました。

急いで食べていたときには考えられなかったことです。

そう考えるようになると、この世の中は、いろんな意味でつながり（連鎖性）をもっているように感じられてきます。

そして、さまざまな人、ものによって、自分が生かされていることがわかってきました。

食事をするとき、そのことに感謝しながら食べてみると、けっこう身体にも良い影響を及ぼすのではないかと思われます。

「感謝する心」は大きな力をもっているように思われてなりません。

Impressions

Please write freely

小さなことを喜ぶ心

朝飯がおいしく食べられること、
自分の思うところに行けること、
道ばたの小さな花の美しさが感じられること、
これらはとってもうれしいことです。
やはり「感謝」と「感動」です。

この小さなことを喜んだり、感動したりすることは、
大切なことだと思います。

なぜならば、

その前提条件は、
自分の心が平穏であったり、大きな悩みがなかったり
しなければならないからです。

Impressions ……………………………………

……………………………………

……………………………………

……………………………………

…………………………………… **Please write freely**

心のコントロール

心は目には見えませんが、確かにあります。
それは頭ではなく、胸のところに在るような気がします。

何か心に「ひっかかるもの」があると、何となく一日がさわやかになりません。

でも、心がぴかぴか輝いていると、全てがハッピーに見えます。
不思議なことだと思いますが、心の在り方一つで変わります。

ではどうすれば、
心はあの澄んだ秋の青空のように澄みきってくるのでしょうか。

それは、
きっと感謝して生きていければそうなるのではないかと思います。

他人がよく見えるときには、自分の心が穏やかです。
自分のことよりも他人のことを先に考える人は、
きっと幸せな人でしょう。

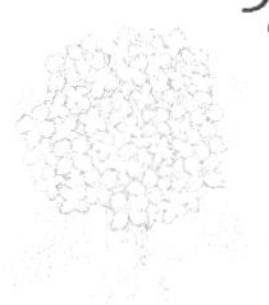

Impressions

Please write freely

人を祝福する心

「人間関係で生まれた毒素を中和する方法は、祝福の心を持つことです」
とある方から教えられました。

いろいろな人間関係の中では、残念ながら、いろいろな悪や不調和が出てきますが、
相手を祝福することによって、少なくても中和させることは可能だそうです。

「本当かな？」……

ダメもとで、実践してみるといいですね。

私もやってみます。

Impressions

Please write freely

他人の不幸を喜ぶ心

他人の悪口を言ったり、
「あの人が失敗したらいい」
「病気になったらいい」と思ったり、
人の不幸を喜ぶ気持ちが湧いてくることがあります。

「人を呪わば、穴二つ」といいます。※

このことを肝に銘じた生き方をしながら、
自分に恥じない人生を過ごしたいものです。

（※）他人をのろって殺そうとすれば、
自分もその報いで殺されるから、
葬るべき墓穴は二つ必要なことになる。
（広辞苑）

Impressions ……………………………………………

……………………………………………… **Please write freely**

自分を好きになる心

　中学生に、「自分が好きですか」と聞いても、
素直に「はい」と応える生徒は少ないようです。

　しかし、ある本に次のように書かれていました。
「自分を好きになれない人は、他人も好きになれない」

　これを言い換えると、
「人を好きになろうと思うならば、まず、自分が好きな自分にならないといけない」
ということになります。

　努力して自分を磨き、
理想とする自分になろうと努力する姿は、
けっこう自分でも気に入ると思うのですが……。

　もし、自分が好きになれないのなら、
自分が気に入る自分になれるように、
　少し、自分を磨いてみることも大切なのかもしれません。

Impressions

Please write freely

自分を許す心

自分をふりかえってみると、けっこう嫌なところが見えてくることがあります。

「ああしなければよかった」
「こうなればよかったのに」
「こうすればよかった」などとよく思います。

それでも「何か前向きにやって改善しよう」と努力するところに「前進」への道が拓けてくるようにも思います。

そういう「前向きの念《おも》い」を継続することによって、人は成長していくのかもしれません。

だから嫌な自分に気付いても、
「いいんだ……これから反省してしっかりやっていけばいいんだ」と自分を励まし、許すことも大切かもしれません。

そして少しでも前進して、人の役に立てれば良いのではないかと思いますし、きっとそうなると思います。

Impressions ………………………………

………………………………

………………………………

……………………………… **Please write freely**

スターデリーの回心

昔、アメリカに、スターデリーという極悪非道で
有名な重罪人がいました。

やがて、彼は警察に捕まり、拷問に次ぐ拷問で取り調べられます。
拷問のため、気絶した彼は、幻影（夢）を見ます。
壁からイエス・キリストが現れたのです。

彼はイエスの慈愛のまなざしに包まれます。
やがて、イエスの姿が消えたとき、
「愛」という言葉が現れたといいます。

この体験から回心することを決意したといいます。

刑務所で生まれ変わった彼は、出所して牧師になり、
イエスの福音を伝えて、多くの悩める人々を救います。

この話を訊いて、
「自分にも希望が持てる」と思う人が出てきたといいます。

「人生、どこからでも立ち直れる」という、
象徴的なエピソードですが、これこそ教育そのものだと思います。

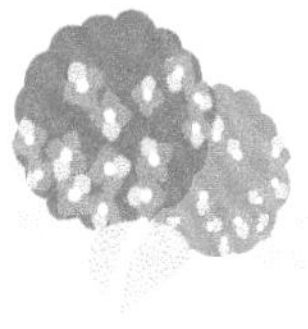

Impressions ……………………………………

……………………………………………………

……………………………………………………

…………………………… **Please write freely**

ぞうきんの心

小さい頃、
「ぞうきんは、自分は汚れてぼろぼろになって、他をきれいにします」
と教えられていました。

この「ぞうきんの心」というのは、
きっと、人の役に立つことに喜びや生き甲斐を感じている人のことでは
ないかと思ったものでした。

なかなか、そうは言っても、そういう人は少ないというのが現実です。

しかし、他人のために一生懸命に尽くす人はやはりすばらしいし、
そういう人のおかげで、私たちは生きやすいのではないでしょうか。
もし、自分の事しか考えない人たちばかりでしたら、この世の中は、
息苦しいし、バランスが取れないと思います。

そう思うと、決して目立たないけど、
いつも他人の事ばかり考えて生きている人が確かにいます。
しかし、そういう人は静かにしていることが多いようです。

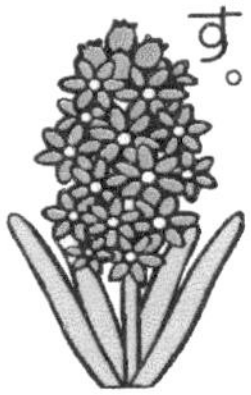

Impressions ....

....

....

.... Please write freely

（八）つれづれなるままに

蟬

「ツクツクボウシ（寒蟬）」が鳴き始めると夏の終わりを感じます。

蟬は土の中で何年か生き、その後、地上に出てきて、初めて周りの景色や地上の環境と出合い、太陽の光を目にするわけです。

しかし、彼らは地上では七日間しか生きられないと言われています。※

平成二十三年に「八日目の蟬」という映画がありましたが、蟬は七日間しか生きられないので、八日目の蟬は死にかけている、あるいは、すでに死んでいるということであり、登場人物の「人生最後の日」を意味していたわけです。

あの寒蟬たちでさえ、地上や空を飛び回り、声の限りに歌い、一週間にわたって夏の終わりの風情を演出することができるようになるためには、数年間の歳月が必要なのです。

何においても「雌伏（しふく）の時期」はとても大切で、重要だと思います。

※　蟬は短命なので、平安時代から「はかなさ」の象徴として扱われていたようで、「常もなき夏の草葉に置く露を命とたのむ蟬のはかなさ」（後撰和歌集）などと歌われています。

科学的には、蟬の地上での時間は七日間ではありません。

平成二十八年に岡山県の高校生が調査したところ、アブラゼミが最長三十二日間、ツクツクボウシが最長二十六日間だったそうです。

いずれにしても、地上での時間は短いようで、切なさを感じます。

渋柿

「渋柿は、その時点ではまだ青くて堅いし、渋くて食べられない」という柿です。

しかし、そういう渋柿でも、皮を剥いて、冬の寒空の中をぶら下げて干しておくと、だんだん水分が蒸発し、黒っぽい反転ができてきて固まり、糖度が増して甘くなってきます。

このようにして渋柿を甘くするのです。

この「渋柿を、皮を寒空につるし、冬の間に甘い干し柿に変えていく」というやり方が、

実は、

「最初の段階では、あまりよくは見えなかった人が、だんだんだんだん仕事ができるような人になっていく」というパターンとよく似ているような気がします。

Impressions

Please write freely

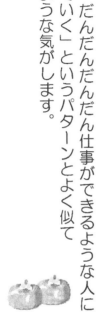

人間万事塞翁が馬（にんげんばんじさいおうがうま）

この話は、塞《とりで》に住む翁《おきな》（老人）の馬から派生する中国（前漢）の故事です。

まとめると「昔、塞翁の馬が隣国に逃げてしまったが、その馬が名馬を連れて帰ってきた。その後、塞翁の子が名馬に乗っていて落馬し足を折ってしまった。だが、そのおかげで隣国との戦乱のときに兵役をまぬがれて無事であった」※という話です。

この故事のように「人生の幸福・不幸は、誰にも予測できない」ということです。

悪いことが起きてもそれがずっと続くわけではなく、また、いいことがずっと続くわけでもないのです。

以前、「コント55号」の萩本欽一氏が「人は誰しも同じ分だけ『運』を持ってる。良いことがあったら、必ず悪いことがある。悪いときは、『運』がたまってる時なのだから、じっと我慢して待っていれば、次は必ず良いことがある。人生は良いことと悪いことが50％ずつだから、今良いことが続いているときは、特に要注意だ」という話をしていて、とても印象に残りました。

また、萩本氏が、友人とゴルフに行ったとき、あまりにも天気がいいので「この後、何か悪いことがおこる」と言って、ゴルフをせずに帰った話は有名です。

私もこれらの話を参考にして、難しいかもしれませんが、できるだけポジティブに物事を考えて過ごしていきたいと思っています。

知への憧れ

ハリーポッターに出てくるのは、オックスフォード大学ボドリアン図書館デューク・ハンフリー図書館ですが、当時の文化の高まりを感じて、胸が躍ります。

私が大学生の頃、学生の間では、渡部昇一氏の「知的生活の方法」がよく読まれていました。その中に「図書館に住む」という箇所がありました。

当時私は、図書館の中に知への憧れを抱いたものです。東京では国会図書館を初め、各大学の図書館、区立図書館等できるだけ多くの図書館に足を運びました。

もちろん、研究の資料収集のためでもありましたが、各図書館のもつ独特の雰囲気がとても好きでした。特に、東京学芸大学や大國魂神社の図書館は好きでした。

今でもその気持ちは変わりません。図書館があれば、調べ物がなくても入ります。

福岡女学院大学の図書館はもちろん大好きですが、福岡市総合図書館は周りの環境も良く、とても快適なので、つい長居をしてしまいます。

最近、行っているのが九州大学医学部の図書館です。国家試験に向けてひたすら勉学に励む学生さんの姿に感動すら覚えます。24時間開館していますが、学外者は夜9時までは使用可能です。

未来社会は、自分の手で拓いていかなければなりません。「未来は本の中にある」と言う言葉もあります。

大学では、知への憧れを大切にして、少しでも図書館に足を運んでみませんか。

著　者　伊藤　文一

作成者　伊藤　文一（福岡女学院大学学長）
上野　史郎（元福岡市立中学校教諭）
桜川　冴子（福岡女学院大学准教授）

学長随想 50 話

ISBN978-4-434-29808-0

発行日　2022 年 1 月 8 日　初版第 1 刷

著　者　伊藤　文一

発行者　東　保司

発行所

櫂歌書房

〒 811-1365　福岡市南区皿山 4 丁目 14-2

TEL　092-511-8111　FAX　092-511-6641

E-mail: e@touka.com　http://www.touka.com

発売元　星雲社（共同出版社・流通責任出版社）